국립생태원은 한반도 생태계를 비롯하여 열대, 사막, 지중해, 온대, 극지 등 세계 5대 기후와 그곳에서 서식하는 동식물을 한눈에 관찰하고 체험할 수 있는 생태 연구·교육·전시 종합 기관입니다. 국립생태원 출판부(NIE PRESS)는 소중한 생태 정보와 이야기를 엮어 유아부터 성인, 전문가에 이르는 다양한 독자를 위한 책을 만들고 있습니다.

정보 제공 및 내용 감수에 참여한 **국립생태원 연구원**
김경림, 도재화, 오창호, 천광일

에코스토리 11 국립생태원이 들려주는 **식물 관리** 이야기

무럭무럭 쑥쑥 식물 성장의 비밀

발행일 2019년 9월 10일 초판 1쇄 발행
2022년 8월 16일 초판 3쇄 발행
글 한수프 | **본문그림** 김창희 | **부록그림** 박소영

발행인 조도순
책임편집 유연봉 | **편집** 전세욱 | **구성 · 진행** 강승연 조현민
아트디렉터 신은경 | **디자인** 디자인아이(진선미 김영주 양신영) | **사진** 국립생태원(온실식물부)
발행처 국립생태원 출판부 | **신고번호** 제458 – 2015 – 000002호(2015년 7월 17일)
주소 충남 서천군 마서면 금강로 1210 / www.nie.re.kr
문의 041–950–5999 / press@nie.re.kr

ISBN 979 – 11 – 89730 – 74 – 1 74400
979 – 11 – 88154 – 02 – 9(세트)

11 식물 관리

무럭무럭 쑥쑥 식물 성장의 비밀

글 한수프 그림 김창희 감수 국립생태원

국립생태원
NIE PRESS

나나는 학교에서 돌아오자마자 엄마를 졸라 꽃집에 갔어요.
식물 화분을 가져와 우리 반을 꾸미기로 했거든요.
"아이들이 키우기 쉬운 식물 좀 추천해 주세요."
나나 엄마는 꽃집 아저씨에게 이야기했어요.
"엄마! 나 결정했어. 이걸로 할래!"
엄마의 말씀이 끝나자마자 나나가 큰 소리로 말했어요.
"예쁘고 키우기 쉬운 식물을 아주 잘 골랐구나."
아저씨의 칭찬에 나나의 어깨가 으쓱해졌어요.

"이 식물의 이름은 홍페페*야. 햇빛을 좋아하니
밝고 바람이 잘 통하는 곳에 두렴.
물은 화분의 무게가 가벼워졌을 때만 주면 된단다."
하지만 친구들에게 홍페페를 자랑할 생각에 들뜬 나나는
아저씨의 이야기를 듣는 둥 마는 둥 했어요.

***홍페페** 원래 이름은 페페로미아 클루시폴리아이고 쌍떡잎식물 후추과 여러해살이풀이에요. 초록 잎의 가장자리 부분이 붉은색이어서 홍페페라고 불러요.

다음 날, 나나는 학교에 가자마자
홍페페 화분을 창가에 올려놓고 바로 물을 주었어요.
"홍페페야, 목마르지 않게 물 많이 줄게. 쑥쑥 자라렴!"
그 뒤로 나나는 학교에 오면 언제나 홍페페에게 달려가 물을 주었어요.
그런데 이상한 일이지요?
뿌리가 썩으면서 홍페페가 주저앉아 버리는 거예요.
"그렇게 열심히 물을 주었는데, 왜 이러지?"

실망한 나나에게 지혜가 다가와 말했어요.

"내 생각에는 네가 물을 너무 많이 줘서 그런 것 같아.
홍페페는 물을 너무 많이 주면 뿌리가 썩어서 죽을 수 있거든."

엄마가 국립생태원 식물 박사님인 지혜는 역시 달랐어요.

"지혜야, 넌 생태원 구경을 많이 가서 식물에 대해 아는 것이 많구나."

"너도 식물에 대해서 알고 싶은 게 많니?
그럼 우리 엄마한테 생태원 구경시켜 달라고 하자."

며칠 뒤, 나나는 지혜 엄마인 강 박사님 초대로
국립생태원 구경을 할 수 있게 되었어요.
“네가 매일 물을 주어 홍페페의 뿌리를 썩게 한 나나로구나!”
박사님에게 인사를 하던 나나의 얼굴이 빨개졌어요.
“사람마다 체질이 다르듯이 식물들도 저마다의 특성이 있단다.
공기 중에 있는 습기를 좋아하는 난*은
한 달에 두 번 정도만 물을 주면 되지만,
상추는 하루만 물을 주지 않아도 금세 시들지.
식물의 특성에 맞게 물을 주는 게 중요해.”

*난 난초과에 속하는 식물을 통칭해서 부르는 말이에요.
양 극지방을 제외한 전 세계에서 자라는 식물이에요.

박사님은 이어서 말씀하셨어요.

“생태원 구경을 하면서 식물 키우는 방법에 대한 좋은 질문 세 개를 하면 선물을 줄게.”

“정말요?”

박사님 말씀에 지혜와 나나의 눈이 반짝였어요.

식물을 자세히 보면 물을 주는 방법을 알 수 있어요!

보송보송한 솜털이 많은 식물은 잎에 물이 닿는 것을 싫어하니까 뿌리에만 물을 주는 것이 좋아요. 광택이 있고 두꺼운 잎을 가진 식물은 대부분 가뭄에 잘 견디므로 매일 많은 물을 주지 않아도 되고, 잎이 아주 넓고 물기를 머금고 있는 식물에는 물을 자주 주는 것이 좋아요.

처음으로 간 열대관에는 크고 넓은 잎을 가진 나무들이 빼곡히 들어서 있었어요.
나무들을 살피던 나나가 박사님에게 질문을 했어요.
"여기에 있는 식물들은 외국 식물인 것 같은데 어떻게 들여온 거예요?"
"외국 식물을 들여오기 위해서는 해야 할 일들이 아주 많단다.
그중에서도 제일 먼저 해야 하는 일은 멸종 위기종인지를 확인하는 일이야.
멸종 위기에 처한 식물은 사이테스(CITES)라는 협약이 정한 절차에 따라 들여와야 하거든."

열대관

박사님은 이어서 말씀하셨어요.

"그리고 식물을 들여올 때 씨앗으로 들여올 것인지 모종으로 들여올 것인지 등도 꼼꼼하게 서류에 기록해야 해. 그런 다음 우리나라 환경부*와 해당 국가에서 허가를 받아야 하지."

"아이고, 복잡하네요!"

* **환경부** 자연환경 및 생활 환경의 보전과 환경 오염 방지에 관한 일을 담당하는 중앙 행정 기관이에요.

사이테스(CITES : 멸종 위기에 처한 동식물 교역에 관한 국제 협약)란?

사이테스는 세계적으로 많은 야생 동식물이 멸종 위기에 처하자, 1973년 미국 워싱턴에서 세계 81개국이 참여하여 체결한 협약이에요. 우리나라는 1993년에 가입했어요. 사이테스는 국제적으로 보호할 동식물을 정하고, 이런 동식물의 경우 일정한 절차를 거쳐 수출입을 하게 하고 있어요.

"아휴, 더워. 열대관은 덥고 습한 것 같아. 겨울에도 이런가?"

나나의 말을 듣고 지혜가 말했어요.

"열대 식물들은 추위에 약해서 온도가
18도에서 22도 이하로 내려가면 성장을 멈춘대.
그래서 겨울에도 따뜻한 온도를 유지해 주어야 해."

"너 꼬마 박사님 같아. 그런데 어떻게 온도를 유지하는 거야?"

이번엔 박사님이 이어서 대답하셨어요.

"뜨거운 물이 수도관을 통해 열대관 전체를 지나가게 해서
따뜻한 온도를 유지한단다. 보일러처럼 말이야."

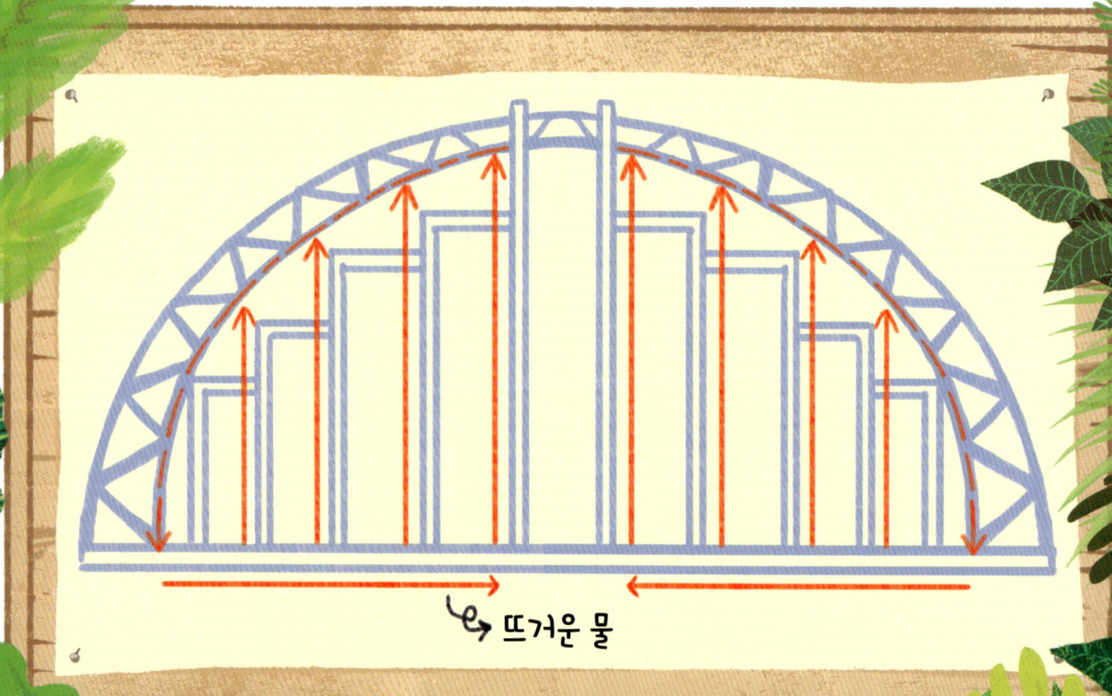

"열대관 식물들은 키도 크고 잎도 정말 넓어요."

지혜의 말에 박사님이 말씀하셨어요.

"햇빛과 물이 풍부한 열대 지역에는 키가 큰 식물들이 많아.
그리고 키가 작은 식물들은 키가 큰 식물들 사이에서
햇빛을 조금이라도 더 받으려고 잎이 크고 넓어진 거야."

"여긴 사막관이야. 열대관과 다른 점이 보이니?"

"흙에 물기가 하나도 없고, 선인장이 많아요."

박사님은 나나의 대답에 고개를 끄덕이며 말씀하셨어요.

"비가 잘 안 내리는 사막이니 흙이 다르고,
그러니까 식물도 다른 거야."

"식물마다 좋아하는 흙이 다른가요?"

"정말 좋은 질문이야. 좋은 질문 하나 성공!
흙은 식물의 뿌리를 보호하고 물과 영양분을
공급해 주기 때문에 식물이 살아가는 데 아주 중요하단다.
그런데 식물마다 좋아하는 흙이 달라.
이런 건조한 모래흙에는 선인장 같은 다육 식물*을 심어야 하고,
진흙땅에는 물기를 좋아하는 식물을 심어야 해."

*다육 식물 건조한 지역에서 살아남기 위해 땅 위의 줄기나 잎에 많은 양의 수분을 저장하고 있는 식물을 말해요. 선인장이 대표적인 다육 식물이지요.

“식물은 저마다 맞는 물, 온도, 흙이 있군요.
그리고 또 필요한 것이 있나요?”

“나나야, 빛! 빛이 있어야 식물이 잘 자랄 수 있잖아!”

박사님이 나나의 질문에 대답할 새도 없이 지혜가 큰 소리로 말했어요.

“나나는 이번에도 좋은 질문을 했네. 지혜도 잘 대답해 주었고.
그런데 필요한 것이 더 있단다.”

“빛 말고 또 필요한 것이 있다고요?”

"바로 영양분이야. 사실 흙만으로 식물이 잘 자랄 수는 없어.

흙 속에 영양분이 있기 때문에 식물이 잘 자랄 수 있는 거야.

동물의 배설물이나 나뭇잎 등이 흙 위에 떨어지면

흙 안의 미생물*과 작은 동물들이 이것들을 분해시켜

식물이 잘 자라게 하는 영양분을 만든단다.

이런 영양분이 많은 흙일수록 검은색을 띠지."

*__미생물__ 눈으로는 볼 수 없는 아주 작은 생물로, 우리 몸에 나쁜 영향을 주는 것도 있고 요구르트 유산균처럼 우리에게 좋은 영향을 주는 것도 있어요.

동물의 배설물이나 나뭇잎이 흙 위에 떨어져요.

미생물이 동물의 배설물이나 나뭇잎을 분해시켜요.

식물의 성장을 돕는 영양분이 가득한 흙이 돼요.

부엽토에는 영양분이 가득해요!

부엽토는 풀이나 낙엽 등이 미생물과 작은 동물에 의해 분해되어 생긴 흙을 말해요. 부엽토가 가지고 있는 풍부한 영양분과 수분은 흙을 촉촉하게 만들어 식물을 키우는 데 많이 이용해요. 거센 비와 바람에 흙이 쓸려 내려가는 것을 막아 주기도 하지요.

지중해관에 들어가자 지혜는 나나의 손을 잡아끌었어요.

"짜잔, 이게 내가 제일 좋아하는 식물이야."

"무슨 식물인데? 별다를 것도 없어 보이는데……."

나나는 고개를 갸웃하며 식물에 대한 설명을 읽었어요.

"식충 식물. 곤충이나 벌레를 잡아
소화시켜 양분을 얻는 식물…….
엥? 식물이 곤충을 잡아먹는다고?"

지혜는 다시 꼬마 박사님이 된 것처럼 설명했어요.

식충 식물은 왜 벌레를 잡아먹을까요?

식물은 광합성으로 만들어지는 영양분과 함께 흙 속의 질소와 인 같은 영양분도 흡수하며 성장하는데, 어떤 식물은 부족한 흙 속의 질소와 인을 보충하기 위해 벌레를 잡아먹어요. 이런 식물을 식충 식물이라고 하는데, 대표적으로 파리지옥, 끈끈이주걱, 통발 등이 있어요.

"설명대로야. 이 파리지옥은 저렇게 두 장의 잎을 벌리고 있다가 가운데에 벌레가 들어와 털을 건드리면 순식간에 잎을 닫아서 벌레를 먹어. 저기에 있는 끈끈이주걱은 잎의 털 주변에 끈끈한 액체가 있는데, 곤충이 거기에 앉으면 발버둥을 쳐도 빠져나갈 수 없게 되지."

"설마 사람을 잡아먹는 식물도 있는 건 아니겠지?"

"하하하, 다행히 그런 식물은 없으니 걱정 마."

식충 식물을 보고 기분이 오싹해진 나나는 도망치듯 지중해관을 나왔어요.

"여기 온대관에서는 제주도 곶자왈 지역 식물을 전시하고 있어.

다른 기후관보다 너희들에게 익숙할 거야."

그때 나나의 눈에 나뭇가지를 자르는 아저씨들이 보였어요.

나나는 깜짝 놀라서 아저씨들에게 소리를 질렀어요.

"하지 마세요! 나무가 아프잖아요!"

그러자 박사님이 깜짝 놀라 아저씨들에게 사과하셨어요.

"죄송해요. 이 학생이 아직 잘 몰라서요."

어리둥절한 나나에게 박사님이 말씀하셨어요.

"가지치기는 식물들을 위해 하는 거야.
병충해를 입은 가지나 서로 부딪히는 가지는
잘라 주어야 나머지가 잘 자랄 수 있거든.
또 뿌리 크기에 비해 가지가 지나치게 많거나
잎이 너무 무성하면 식물이 건강하게 자랄 수 없거든."

"전 그것도 모르고……."

에코리움 밖으로 나오니 새로 들어온 나무를 심고 있는 아저씨들이 보였어요.

"나무를 옮겨 심은 다음에는 스트레스를 받지 않게 잘 관리해 주어야 해."

나무가 스트레스를 받는다는 박사님의 말씀에
아이들은 놀라 서로를 쳐다봤어요.

"물의 양이나 온도, 흙이 맞지 않으면 식물은 스트레스를 받아.
나무를 옮겨 심는 일이나 병충해, 그리고 강한 바람이나
햇빛에도 스트레스를 받지."

"그런데 식물이 스트레스를 받았다는 걸 어떻게 알죠?"

지혜의 질문에 박사님이 말씀하셨어요.

"드디어 세 번째 좋은 질문이 나왔네!

식물은 말을 하지는 못하지만

온몸으로 자신이 스트레스 받았다는 걸 알려 준단다."

"잎이 노랗게 변하거나 시드는 걸 말하는 건가요?"

"맞아. 그러니까 식물이 스트레스를 받는지 잘 살펴야 한단다."

온도가 맞지 않으면 스트레스를 받아 시들어 버려요.

물의 양이 맞지 않으면 뿌리가 썩거나 말라 주저앉아요.

병균과 해충으로 인해 잎과 열매 등에 병이 생겨요.

나나는 식물에 대해 아는 것이 많아진 것 같아 기분이 좋아졌어요.

"나나야! 거기는 습지니까 잘 보고 걸어."

앞서 걷는 나나에게 지혜가 소리쳤어요.

"습지? 많이 배웠다고 생각했는데 아직도 모르는 게 많네."

"습지는 일 년 중 일정 기간 동안 물에 잠겨 있거나 젖어 있는 땅을 말해.
육지와 물을 이어 주는 특징을 가지고 있어서
많은 종류의 생물들이 살고 있지."

습지에 관한 협약이 있다고요?

람사르 협약은 습지와 물새 서식지 보호를 위한 국제 환경 협약이에요. 1971년 이란의 람사르에서 채택되었는데, 가입국은 '람사르 습지'에 포함시킬 수 있는 습지를 지정하고 습지의 생태학적 특성을 유지하는 데 힘써야 해요. 우리나라는 1997년에 가입했고, 대암산 용늪, 창녕군 우포늪을 비롯해 20여 곳의 습지가 람사르 습지로 등록되어 있어요.

나나와 지혜는 습지의 갈대를 만지며 박사님의 말씀을 들었어요.

"습지는 다양한 생물들의 집이야. 물고기들은 습지의 얕은 물과 물풀에 알을 낳고, 큰고니, 왜가리, 논병아리 같은 새들은 이곳에서 쉬거나 먹이를 구하지. 그러니까……."

"그러니까 습지를 잘 보호해야 한다는 이야기를 하려고 하셨죠?"

나나가 박사님의 말씀을 가로채서 이야기했어요.

"이제 너희들에게 더 가르칠 것이 없는 것 같구나, 하하."

생태원 문을 나서며 나나가 이야기했어요.

“오늘 생태원 구경을 하면서 식물 박사가 되고 싶어졌어요.

그러려면 식물에 대해 더 배워야 하는데,

제가 박사님 제자가 되어도 될까요?”

“저도요, 저도 제자가 될래요.”

옆에 있던 지혜도 손을 들고 말했어요.

“참, 너희들에게 줄 선물을 가져와야겠다. 잠시만 기다려!”

박사님은 대답은 하지 않고 부리나케 기념품점으로 뛰어가셨어요.

잠시 후 박사님이 화분에 담긴 예쁜 식물들을 들고 나타나셨어요.

"아이비*라고 하는 식물인데 빛이 잘 드는 거실이나
베란다에 두면 잘 자랄 거야. 물은 겉흙이 말랐을 때 주고.
그리고 겨울이 지날 때까지 이걸 잘 키우면 내 제자로 받아 줄게."

"정말이요? 우아, 감사합니다!"

나나와 지혜는 좋아서 폴짝폴짝 뛰었어요.

*아이비 1년 내내 푸른빛을 띠는 아이비는 공기 청정 식물로도 유명해요.
덩굴 식물로 담이나 나무에 붙어 자라며 심장 모양의 잎을 가지고 있어요.

어떻게 하면 식물이 잘 자랄까요?

식물이 없다면 어떻게 될까요? 채소로 만든 음식이나 식물을 원료로 하는 맛있는 간식도 먹을 수 없고, 나무로 만드는 종이나 가구도 쓸 수 없을 거예요. 그것보다 더 심각한 문제는 숨을 쉴 수 없게 된다는 거예요. 우리가 숨을 쉴 때 필요한 산소는 대부분 식물이 만드니까요. 이렇게 중요한 식물을 어떻게 하면 잘 자라게 할 수 있을까요?

식물이 잘 자라는 데 꼭 필요한 것들!

식물이 잘 자라게 하기 위해서는 식물에 맞는 온도, 흙, 물, 햇빛 등의 환경을 갖추어 주어야 해요. 대부분의 식물은 너무 덥거나 추우면 잘 자라지 못하지만, 한대 지방처럼 추운 곳에서도 잘 자라는 식물이 있으니 적합한 온도를 찾아 유지해 주어야 해요. 적합한 흙과 물도 중요한데, 특히 식물의 영양분을 운반하거나 온도를 조절하는 역할을 하는 물은 부족하거나 너무 많을 경우 식물이 잘 자라기 어려우니 각 식물의 특성에 맞게 적당한 양을 주어야 하지요. 햇빛은 식물이 필요한 에너지를 만들 수 있게 해 주기 때문에 꽃이 피거나 열매를 맺을 때 더 많은 햇빛을 받게 해 주면 좋아요.

식물 기르기, 어떻게 시작할까요?

1. 준비하기

① **기르고 싶은 식물을 정해요.**

② **식물을 키울 화분을 준비해요.** : 뿌리가 옆으로 퍼지는 모양의 식물은 얕고 넓은 화분, 뿌리가 땅 속으로 내려가는 모양의 식물은 깊이가 깊은 화분을 준비해요.

③ **식물에 맞는 흙을 준비해요.** : 일반적으로 영양분도 많고 알갱이 사이사이로 물과 공기도 잘 통하는 부엽토가 좋지만, 식물의 특성을 살펴 식물에 맞는 흙을 준비해요.

2. 씨앗 심기

① **작은 돌로 화분 바닥의 물 빠짐 구멍을 막아요.** : 물이 너무 잘 빠지면 물이 부족해지고, 지나치게 안 빠지면 씨앗이 썩을 수 있으니 물 빠짐 구멍을 적당하게 막아야 해요.

② **화분에 흙을 4분의 3 정도 넣어요.**

③ **씨앗 크기의 2~3배 깊이로 씨앗을 심고 흙으로 덮어요.** : 너무 깊으면 공기가 잘 통하지 않게 되고, 반대로 얕으면 씨앗이 말라 버려요.

④ **물뿌리개로 충분히 물을 주어요.**

3. 돌보기

① **식물의 특징에 맞게 물을 주어요.** : 물을 좋아하는 식물은 겉흙이 마르면 바로 물을 주고, 다육 식물과 같은 건조한 기후에 사는 식물은 흙이 모두 마른 다음에 주어야 해요.

② **필요할 경우 비료를 줄 수도 있어요.** : 식물이 건강하게 자라지 못할 때 비료를 줄 수 있는데, 필요로 하는 영양분을 알맞은 시기에 주는 것이 중요해요. 일반적으로 충분한 햇빛을 받을 수 있고, 기온이 따뜻하며, 광합성이 활발히 일어날 때 비료를 주는 것이 좋아요.

③ **잡초를 제거해 식물이 잘 자라게 도와줘요.** : 잡초가 많아지면 키우던 식물의 성장을 방해하기도 하므로 잡초가 많아졌을 때는 제거해 주는 것이 좋아요.

국립생태원에서는 어떻게 식물을 관리할까요?

국립생태원에서는 식물들이 살아가기에 적합한 환경을 만들기 위해 1년 내내 각 기후대에 맞는 온도와 습도를 맞추고 있어요. 각 기후대별 담당자들은 식물이 잘 자라는 데 필요한 온도와 습도를 실시간으로 체크해요. 또한 식물에 맞는 물과 거름을 주고 가지치기와 병해충 방제와 같은 특별 관리를 하기도 해요. 식물 관리 담당자는 매일 식물의 상태를 점검하며 물을 주는 등 식물이 건강하게 자랄 수 있게 힘쓰고 있어요.

식물을 살피는 식물 관리 담당자

병해충 방제를 하고 있는 식물 관리 담당자

가지치기와 병해충 방제는 언제 어떻게 하나요?

식물이 건강하게 잘 자라게 하기 위해서 하는 가지치기는 보통 나무가 성장을 쉬는 시기인 늦가을부터 초봄 사이에 해요. 병해충 방제는 병해충이 생기기 전에 병해충이 살 수 있는 곳을 찾아 미리 제거하는 것부터 시작해요. 식물이 병해충 피해를 입었을 경우에는 병해충에 감염된 부분을 제거하거나 직접 잡아 없애는 방법을 사용해요. 생태원에서는 독성이 거의 없고 병해충만을 죽일 수 있는 친환경 약제를 주로 사용해요.

국립생태원에서는 어떤 거름을 어떻게 사용하나요?

국립생태원에서는 식물에서 나오는 나뭇가지와 잎, 그리고 잘 썩을 수 있게 도와주는 미생물 토양인 부엽토를 섞어 2년 이상 잘 썩힌 거름을 사용해요. 월 1~2회 이상 뒤집기 작업을 하여 공기를 통하게 만들면 완벽한 거름이 완성되지요. 온실 안의 식물에 많은 거름을 주면 보통 이상으로 자라거나 원래 모습을 잃어버릴 수 있어서 아주 조금만 사용한답니다. 대신 에코리움 밖의 어린 식물과 아픈 식물들에게 주로 사용해요.

국립생태원에서 사용하는 거름

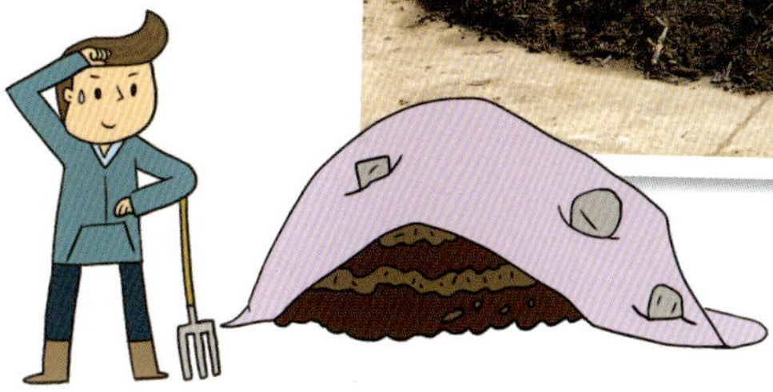

식물을 관리하는 일을 하려면 어떻게 해야 할까요?

식물을 관리하는 일을 하려면 먼저 식물을 살아있는 생명체로 여기고 식물을 가장 먼저 생각하는 마음을 가져야 해요. 그리고 식물에게 물을 주거나, 풀을 뽑고, 식물을 심고, 모종 상자를 나르는 등 몸으로 해야 하는 일이 많기 때문에 부지런하고 건강해야 하지요. 대학에서 원예학, 조경학, 산림학, 생물학 등을 공부하면 식물 연구소, 국립생태원, 수목원 등을 비롯한 관련 기관에서 일할 수 있어요.

전시관에 식물을 심고 있는 식물 관리 담당자

국립생태원이 들려주는 **에코스토리**

01 전국 자연환경 조사
나는 독도의 마스코트

02 기후 변화 연구
빙글빙글 물방울의 여행

03 생명 공학 연구
황금쌀과 슈퍼 연어의 비밀

04 외래 생물 관리
하늘천의 무법자 블루길

05 생태계 연구
금개구리 왕눈이의 모험

06 생체 모방 연구
호기심쟁이 수현이와 발명가 삼촌

07 생물 다양성 협력
와글와글 세계 어린이 환경 뉴스

08 생태계 서비스 연구
자연이 주는 선물

09 멸종 위기종 관리
아슬아슬 사라지는 동물

10 지역 생태 협력
철새들의 천국 서천 유부도

11 식물 관리
무럭무럭 쑥쑥 식물 성장의 비밀

12 동물 관리
한밤중 동물 친구들에게 생긴 일

13 생태 교육
푸른이의 두근두근 생태 교실

14 생물 복원
다시 만날 동식물 친구들

15 에코뱅크
신나는 생태 지도 만들기